中小学校财务管理中的
常见问题及对策

张秀琴 著

上海科学普及出版社

图书在版编目(CIP)数据

中小学校财务管理中的常见问题及对策/张秀琴著.
上海：上海科学普及出版社,2024.10. —ISBN 978 - 7 -
5427 - 8879 - 5

I. G637.5

中国国家版本馆 CIP 数据核字第 2024150G30 号

责任编辑 李 蕾

中小学校财务管理中的常见问题及对策
张秀琴 著

上海科学普及出版社出版发行

（上海中山北路 832 号 邮政编码 200070）

http://www.pspsh.com

各地新华书店经销 上海商务联西印刷有限公司印刷
开本 1/32 印张 1.5 字数 38 000
2024 年 10 月第 1 版 2024 年 10 月第 1 次印刷

ISBN 978 - 7 - 5427 - 8879 - 5 定价：15.00 元
本书如有缺页、错装或坏损等严重质量问题
请向出版社联系调换

序 一

中小学校财务管理是学校管理工作的重要组成部分，会计核算是体现会计信息的重要环节，会计信息质量是会计工作的生命线，它要求会计信息必须满足真实性、准确性、完整性、及时性和相关性。而会计核算作为会计工作的核心，正是通过一系列规范的方法和程序，对经济活动进行确认、计量、记录和报告，从而生成符合质量要求的会计信息。

张秀琴老师有着二十多年督学职业背景，从事督导工作前，曾长期从事学校财务管理工作，积累了较丰富的财务管理经验，是教育督导界为数不多的专职财务督学。她将督导工作比喻为啄木鸟和海绵，在督导工作中发现问题、研究问题、解决问题、获得经验，帮助学校规避风险、规范办学，深受校长们的欢迎。从事督导工作多年，她从所撰写的督导案例中，筛选了21个学校财务管理中的共性问题，于2014年编撰出版了《中小学校长财务管理实务》一书。这次，她又将中小学校（中职校、幼儿园）伙食费会计核算（特别是学校自营食堂的伙食费核算）、固定资产盘点、代办学生服务性项目收费这三个一直困扰着学校会计及相关人员的问题，以案例形式向读者介绍了改进的方法和举措，体现了她对财务管理知识的熟练应用和对学校改革发展的深刻理解。教育督导人员，包括侧重各个方面督导工作的同志，需要有这种深入学校探究问题的精神、梳理把握现状和提出系列改进举措的能力、不断积累和总结经验的韧性，做一个研究型、服务型、创新型的督学，而不能仅仅走马观花、高高在上、思维固化，面对层出不穷的新问题和现实生活中的真问题，视而不见、听而不闻，面对教育改革实践中的新鲜案例缺乏敏感、缺少激情,从而使督导工作流于形式、流于平庸。

本书内容丰富、实在,采用简明且主题单一的篇章结构,将纷繁复杂的会计工作阐述得简洁明了,通俗易懂。是她长期在督导实践中不断积累的智慧的结晶,非常值得学校会计及相关人员放在案头一读。

学校财务督导是对学校督导的重要方面,值得督学们学习了解。

上海市教委原副主任
尹后庆　上海市教育学会会长
第七、第八、第九、第十届国家督学

2024 年 7 月 20 日

序 二

学生伙食费会计核算、固定资产盘点及代办学生服务性项目收费在学校财务管理中都具有重要意义，不仅有助于确保资金的安全与合理使用，提高资产的利用率和效率，还能为决策者提供有力的数据支持，保障学生的合法权益，推动学校的健康发展。

本书作者曾长期从事学校财务管理工作，积累了较丰富的财务管理经验。近二十年来，一直从事教育督导工作，专职从事教育财务督导，将财务管理知识运用到督导工作之中，为规范和加强中小学校财务管理发挥了重要作用，是教育督导界为数不多的专职财务督学。她根据从事督导工作多年的经验，将中小学校（幼儿园）伙食费会计核算（特别是学校自营食堂的伙食费核算）、固定资产盘点、代办学生服务性项目收费这三个一直困扰着学校会计及相关管理人员问题，编写成让学校会计及相关人员一目了然，可以直接看懂并学会的小册子，供中小学财务人员在实际工作中加以学习、参考，是学校会计案头的不可或缺的参考资料。

高级会计师
原上海市教委财务处正处级调研员
陈永年　中国教育会计学会副秘书长
上海市教育会计学会常务副会长
教育部教育经费监管中心、教育部教育督导专家

2024 年 7 月 20 日

自 序

这本小册子《中小学校财务管理中的常见问题及对策》旨在针对当下学校财务管理中细小但又重要且未能引起足够重视的事项，进行探讨其相应对策。

本人有二十多年督学职业背景，在学校督导评估中发现，中小学校（幼儿园）伙食费会计核算（特别是学校自营食堂的伙食费核算）、固定资产盘点、代办学生服务性项目收费这三个问题，由于各种原因，一直困扰着学校会计及相关管理人员，致使日常工作质量受到一定影响。这些工作，既关系到学生的切身利益，有涉及学校固定资产的规范管理，属于依法治校的重要内容。

面对会计及相关人员的诸多困惑，本人每次督导（评估）时，都特别关注学校问题存在的程度和会计及相关人员的处理办法，发现一个普遍现象，就是从主观上看，学校会计及相关人员没有引起重视，对类似问题仍按传统模式操作，也没有积极寻找符合现代学校管理的依据和方法。比如，如果是中途接任的，就沿用前任的方法；如果是初期就任的，就按自己原单位或自己理解的方法做。再有就是，学校未能给会计及相关人员提供学习和交流的机会，一定程度上影响了他们获取新信息的途径。针对这一现象，笔者萌发出一个想法，编撰一个针对这三个问题的小册子，让学校会计及相关人员一目了然，可以直接看懂并学会，与时俱进，解决难题。

这本小册子旨在立足学校层面，与学校会计及相关人员探讨学校当前存在的问题，力求实用性与可读性，使其成为大家案头的参考资料。

期待这本小册子能为广大会计及相关人员提供实用价值，提高学校会计工作管理水平。

张秀琴

2024 年 7 月 20 日

目 录

第一部分　关于学校食堂管理及会计核算 / 1

一、食堂管理 / 1

　　(一) 意义及目的 / 1

　　(二) 主要职责 / 1

　　(三) 主要形式 / 1

　　(四) 管理现状 / 2

二、财务管理与会计工作 / 2

　　(一) 财务管理 / 2

　　(二) 会计工作 / 2

三、其他需要关注的事项 / 11

　　(一) 自营,有学校食堂独立银行账户时 / 12

　　(二) 外包购买服务时 / 12

第二部分　关于学校固定资产盘点管理 / 13

一、固定资产的概念及标准 / 13

二、固定资产管理的基本步骤 / 13

三、固定资产盘点 / 14

　　(一) 确保资产的安全 / 14

　　(二) 提高管理效率 / 14

　　(三) 保证账实相符 / 14

（四）支持决策制定 / 14
  （五）满足审计要求 / 15
  （六）促进资产管理流程优化 / 15
 四、固定资产盘点方法 / 15
  （一）实地盘点法 / 15
  （二）抽样盘点法 / 15
  （三）PDA扫码盘点法 / 15
  （四）手机扫二维码的自主盘点法 / 16

第三部分　关于规范中小学校(幼儿园)代办学生服务性项目收费管理 / 17

 一、基本概念 / 17
  （一）治理 / 17
  （二）规范 / 17
 二、中小学校(幼儿园)在代办学生服务性项目收费中的常见问题(仅以上海为例) / 17
  （一）对规范性文件精神的学习、理解不够，宣传不到位 / 18
  （二）制度不健全，管理较薄弱 / 18
  （三）备案工作有所松懈 / 18
  （四）校级家委会审阅资料不够齐全 / 18
  （五）公示不够规范 / 18
  （六）征询单不够规范 / 19
  （七）存在超范围代办现象 / 19
  （八）结算未按实，清退不及时 / 19
  （九）代办餐费未按规定(约定)收取，且会计核算不规范 / 19
  （十）代办校服存在"飞过海"现象 / 20

（十一）票据不规范 / 20
　　（十二）合同风险意识薄弱 / 20
　三、代办学生服务性项目收费需要关注的几项工作 / 20
　四、代办学生服务性项目收费工作的规范程序 / 21
　　（一）代办学生服务性项目收费标准有变化时（调价）的规范程
　　　　序 / 21
　　（二）代办学生服务性项目收费标准无变化时的规范程序 / 22
五、代办学生服务性项目收费资料 / 27
　六、规范代办学生服务性项目收费会计核算 / 28
　七、代办学生服务性项目收费票据 / 28
　　（一）公办学校票据 / 28
　　（二）民办学校票据 / 28

第四部分　相关法律法规 / 29

后记 / 33

第一部分

关于学校食堂管理及会计核算

学校食堂管理,顾名思义,即针对学校内部食堂进行的全面的、系统的管理活动,涉及食堂的日常运营、食品安全、营养配餐、环境卫生、员工以及财务管理等多个方面。

一、食堂管理

(一) 意义及目的

学校食堂管理是依法治校的重要组成部分。学校应正确处理好教育发展规律与市场经济规律的关系,严格按照国家的相关规定,切实加强食堂管理工作,规范学校食堂财务管理与会计核算,确保为学生提供安全、卫生、营养、美味的餐饮服务,确保学生合法利益得到保障。

(二) 主要职责

1. 对校外配餐或者外购食品承担监督责任。
2. 对自营食堂承担全面管理的主体责任。
3. 对承包或者委托经营承担全过程的监管责任。
4. 配合政府监管部门对校园周边食品经营场所定期巡查。

(三) 主要形式

1. 外包购买服务。
2. 自营(学校有独立银行账户)。
3. 自营(学校无独立银行账户)。

无论哪种模式,校(园)长均为第一责任人。

（四）管理现状

1. 制度不够完善，制度的可操作性、可检测性不强，执行力不够，制度的落实有待加强。

2. 管理流程不够清晰，岗位职责不够明确。

3. 会计核算不够规范。主要是未能规范采购、入库、出库等操作流程，月末盘点不规范，未能将月末库存纳入核算范围。

4. 合同风险意识薄弱。

二、财务管理与会计工作

（一）财务管理

1. 管理原则

公益性和非营利性。

2. 管理方法

（1）收支纳入学校财务部门统一管理。

（2）完善制度。包括人员管理制度，如采购、验收入库、领用、月末盘点、卫生等。

（3）食堂从业人员需持证上岗，按需设岗，明确职责。明确食堂财务人员岗位，分工要做到钱、账、物分管分工明确、责任清晰。设置仓库保管员等岗位（若外包应由学校及外包单位双重管理），做到不相容职务分离、相互牵制、相互监督。进货、验收分工明确、流程规范。

（二）会计工作

1. 强化会计基础工作规范性

（1）确保收入完整。

（2）做好支出票据审核，确保成本真实合理。

（3）做好仓库进出库管理及盘点工作。

2. 会计核算

（1）政策依据。

《〈政府会计制度——行政事业单位会计科目和报表〉的补充规定》《中小学财务制度》《中小学校园食品安全和膳食经费管理的工作指引》（教体艺厅函【2024】39号）《关于切实做好全国中小学校园食品安全和膳食经费管理突出问题专项整治工作的通知》（教督局函【2024】26号）

（2）会计档案管理及建立报表制度。

每月编制食堂会计报表，年终编制决算报表，定期分析成本。所有食堂会计档案，应按《会计档案管理办法》要求与学校会计档案共同保管。

（3）会计科目设置。

公办学校若无独立食堂银行存款账户，可以在学校"银行存款""现金""受托代理负债"或"其他应付款"一级科目下明细核算，若遇超支则对超支部分列支"预算会计/事业支出—商品与服务支出"，并明细核算。

民办学校可参照此方式进行会计核算，会计科目相同，但若遇超支则需将超支部分列支"业务活动成本"或"管理费用"，并明细核算。

（4）具体记账方法与案例。

【案例】

学校自营食堂，但无食堂独立银行账户

◆ 建议设置的会计科目

需在"现金""银行存款""受托代理负债"或"其他应付款"一级科目下设置二级科目"学校食堂"；设置三级科目"伙食费收入、原材料、库存商品、成本、费用、损益"；部分三级科目还应该根据需求设置四级科目，比如："原材料"应该设置"粮食、调味品、副食品、蔬菜类、肉类"等四级科目，"费用"可以设置"物料用品""人员工资"等四级科目。

◆ **收支确认方法**

收入核定按权责发生制原则将实际就餐次数和金额确认;成本采用"先进先出法""实地盘存制"确认。

◆ **会计核算步骤**

【案例叙述】

××学校食堂12月收到学生伙食费10万元(当月收取,根据权责发生制原则可确认收入),并于当月购买粮食2万元、调味品1万元、蔬菜类1万元、肉类4万元,合计8万元。发放工资0.8万元,购买日用品0.2万元。假设,上月库存0.5万元,其中0.4万元为粮食,0.1万元为调味品。本月库存1.3万元,其中,调味品为0.3万元,粮食为1万元。至上月末累计损益0.5万元。

首先,需设置会计科目。

可以在学校行政账一级科目"受托代理负债"或"其他应付款"下设置二级科目"学校食堂",三级科目"伙食费收入、原材料、库存商品、成本、费用、损益",四级科目按需求明细核算,同时按学生、教师分别核算。如:

现金——学校食堂

银行存款——学校食堂(银行存款一般设定为"基本账户")

受托代理负债——学校食堂/伙食费收入/学生或教师等(本案例假设是用"受托代理负债"科目)

其次,具体业务会计分录。(单位:万元)

(1) 收到伙食费。

借:银行存款——学校食堂 10

　　贷:受托代理负债——学校食堂/伙食费收入 /学生 10

(2) 采购及入库(凭验收单入库、记账)。

采购时:

借:受托代理负债——学校食堂/原材料/粮　食/学生 2

　　　　　　　　　　　　　　　　　　　调味品/学生 1

　　　　　　　　　　　　　　　　　　　蔬菜类/学生 1

　　　　　　　　　　　　　　　　　　　肉　类/学生 4

  贷：银行存款——学校食堂 8
    或其他应付款——学校食堂

入库时(凭验收单入库、记账)：
借：受托代理负债——学校食堂/库存商品/粮 食/学生 2
           调味品/学生 1
           蔬菜类/学生 1
           肉 类/学生 4
  贷：受托代理负债——学校食堂/原材料/粮 食/学生 2
           调味品/学生 1
           蔬菜类/学生 1
           肉 类/学生 4

领用时：
借：受托代理负债——学校食堂/成本/粮 食/学生 2
          调味品/学生 1
          蔬菜类/学生 1
          肉 类/学生 4
  贷：受托代理负债——学校食堂/库存商品/粮 食/学生 2
           调味品/学生 1
           蔬菜类/学生 1
           肉 类/学生 4

(3) 支付费用。
借：受托代理负债——学校食堂/费用/人员费用/学生 0.8
          物料用品/学生 0.2
  贷：银行存款/学校食堂 1
  注：若学校食堂不包含费用，则分录(3)无需编制。
(4) 月末终了时，按实际盘点的原材料数额，确认当期成本。
成本＝期初库存金额＋本期入库金额－月末盘点实存金额。
成本＝0.5(期初库存)＋8(本期入库)－1.3(本期月末库存)＝7.2

物品名称：__大米__
数量单位：__斤__

＊＊＊学校食堂采购入(出)、存明细账

第 1 页共___页
单位：数量/列至角分

供货单位	日期	期初库存 数量	期初库存 单价	期初库存 金额	采购入库 数量	采购入库 单价	采购入库 金额	领用出库 数量	领用出库 单价	领用出库 金额	月末库存 数量	月末库存 单价	月末库存 金额	备注
—	—	800	5.00	4 000.00										
略	12/5				2 500	6.00	15 000.00							
	12/6							600	5.00	3 000.00	200	5.00	1 000.00	
											2 500	6.00	15 000.00	
	12/10							200	5.00	1 000.00	0	0	0	
								500	6.00	3 000.00	2 000	6.00	12 000.00	
	12/15							500	6.00	3 000.00	1 500	6.00	9 000.00	
	12/25										1 500	6.00	9 000.00	盘点
	合计	—	—	4 000.00	—	—	15 000.00	—	—	10 000.00	—	—	—	

食堂负责人：__＊＊＊__　采购：__＊＊＊__　验收：__＊＊＊__　领用：__＊＊＊__　记账(保管员)：__＊＊__

食堂仓库保管员记账(盘点)方法：先进先出法，数量金额法，且需保持连贯性，年末无需结账。

＊＊学校食堂月末盘点汇总表

单位：列至角分

盘点时间	2＊2＊年12月25日
期初库存余额	5 000.00
本月入库金额	80 000.00
本月盘存金额	13 000.00
本月成本总额	72 000.00

食堂负责人：__＊＊__　食堂仓库保管员：__＊＊__　盘点人：__＊＊__

注：本月成本总额＝期初库存余额＋本月入库金额－本月盘存金额

即：粮食＝4 000.00＋20 000.00－10 000.00＝14 000.00(元)(其中：大米4 000＋15 000－9 000＝10 000(元))

调料＝1 000.00＋10 000.00－3 000.00＝8 000.00(元)

蔬菜＝10 000(元)

肉类＝40 000(元)

本月成本总额＝14 000.00＋8 000.00＋10 000＋40 000＝72 000(元)

盘点方法：先进先出法

盘点时间：一经确定不得随意变更，若有变更，需在财务报告中附注说明

★本表为食堂仓库每月盘点汇总后提供给会计人员记账用。

（5）结转本月库存。

借：受托代理负债——学校食堂/库存商品/粮　食/学生 1

　　　　　　　　　　　　　　　　　　　调味品/学生 0.3

　　贷：受托代理负债——学校食堂/成本/粮　食/学生 1

　　　　　　　　　　　　　　　　　　　调味品/学生 0.3

（6）结转上月库存。

借：受托代理负债——学校食堂/成本/粮　食/学生 0.4

　　　　　　　　　　　　　　　　　　　调味品/学生 0.1

　　贷：受托代理负债——学校食堂/库存商品/粮　食/学生 0.4

　　　　　　　　　　　　　　　　　　　调味品/学生 0.1

（7）月末结账。

▲结转收入

借：受托代理负债——学校食堂/伙食费收入/学生 10
　　贷：受托代理负债——学校食堂/损益/学生 10

▲结转成本与费用

借：受托代理负债/学校食堂/损益/学生 8.2
　　贷：受托代理负债/学校食堂/成本/学生 7.2
　　　　受托代理负债/学校食堂/费用/学生 1

*会计"T型账户"或"丁字型账"

丁字型账

银行存款		伙食费收入		原材料		库存商品	
1) 10	2) 8	7) 10	1) 10	2) 8	2) 8	上月 0.5	
	3) 1					2) 8	2) 8
余 1		0		0		5) 1.3	6) 0.5
						余 1.3	

成本		费用		损益	
2) 8	5) 1.3	3) 1	7) 1	7) 8.2	上月 0.5
6) 0.5	7) 7.2				7) 10
	0		0		余 2.3

注 1：因篇幅原因，在此，一级科目"受托代理负债在"、二级科目"学校食堂"均不在列。
　　2：表中(1)(2)···为会计分录号码，如：(1) 收到伙食费 10 万元。

"T型账"或"丁字型账"的意义：

一是便于理解会计分录和交易的影响。通过丁字型表，可以清晰地看到每一笔会计分录对账户的影响。

二是平衡检查。丁字型表有助于确保会计分录的平衡，减少会计差错。

三是简化财务报表编制。丁字型表是编制财务报表的重要工具。有助于会计人员更高效地完成财务报表的编制工作。

(8) 年末结账。

公办学校：根据《政府会计制度》的规定，年末需将伙食费收支净额转至"非财政补助结转"科目明细核算。

▲结转食堂"库存商品"至学校账户"存货/学校食堂库存"科目
借：存货/学校食堂库存 1.3
　　贷：受托代理负债/学校食堂/库存商品/粮　食/学生 1
　　　　　　　　　　　　　　　　　　　调味品/学生 0.3

注：下年度仍需将学校账户"存货——学校食堂库存"调整至"受托代理负债/学校食堂/库存商品"各明细科目。

▲将食堂累计损益转入学校账户"其他收入"
借：受托代理负债——学校食堂/损益 2.3
　　贷：其他收入——学校食堂净收入 2.3

▲将"其他收入"结转至"非财政补助结转"
借：其他收入——学校食堂净收入 2.3
　　贷：非财政补助结转——学校食堂资金结转 2.3

民办学校：参照《政府会计制度》，根据《民间非营利组织会计制度》，年末需将伙食费收支净额转至"限定性净资产"科目明细核算。

▲结转食堂"库存商品"至学校账户"存货/学校食堂库存"科目
借：存货——学校食堂库存 1.3
　　贷：受托代理负债——学校食堂/库存商品/粮　食/学生 1
　　　　　　　　　　　　　　　　　　　调味品/学生 0.3

▲将食堂累计损益转入学校账户"其他收入"
借：受托代理负债——学校食堂/损益 2.3
　　贷：其他收入——学校食堂净收入 2.3

▲将"其他收入"结转至"净资产(限定性进资产)——学校食堂结余"
借：其他收入——学校食堂净收入 2.3
　　贷：净资产(限定性净资产)——学校食堂结余 2.3

（5）食堂会计报表

① 资产负债表。

反映在一定日期的财务状况，即资产、负债和损益的状况。资产负债表利用会计平衡原则，将合乎会计原则的资产、负债、损益分为资产和负债及损益两大块，经过分录、转账等会计程序后，以特定日期的静态情况为基准，浓缩成一张报表，表明在某一特定日期所拥有或控制的经济资源、所承担的现有义务和所有者对损益的要求权。

食堂资产负债表

编制单位（单位全称）：_____ 编制日期：_____ 单位：列至角分

流动资产	年初数	期末数	流动负债	年初数	期末数
货币资金		10 000.00	应付账款		
应收账款			其他应付款		
减：坏账准备			短期借款		
应收账款净额			预收账款		
预付账款			应付工资		
其他应收款			预提费用		
库存商品	5 000.00	13 000.00	其他流动资产		
流动资产合计	5 000.00	23 000.00			
固定资产			长期负债		
减：累计折旧			长期负债合计		
固定资产净值			损益	5 000.00	23 000.00
固定资产合计			损益合计	5 000.00	23 000.00
资产总计	5 000.00	23 000.00	负债及损益总计	5 000.00	23 000.00

单位负债人：__**__ 财务负责人：__**__ 食堂负责人：__**__ 制表人：__**__

② 损益表。

反映在一定会计期间的经营成果的财务报表。它反映的是某一期间的情况,所以,又被称为动态报表或损益表、收益表。

食堂损益表

编制单位(单位全称):_____ 编制日期:_____ 单位:列至角分

项目	本月数	累计数
一、收入	100 000.00	185 000.00
其中:1. 伙食费收入(学生)	100 000.00	185 000.00
2. 点心费收入(学生)		
二、减:成本	72 000.00	132 000.00
其中:粮食	14 000.00	18 000.00
调味品	8 000.00	18 000.00
蔬菜类	10 000.00	30 000.00
肉类	40 000.00	66 000.00
三、减:费用	10 000.00	30 000.00
其中:1. 人员费用(学生)	8 000.00	25 000.00
2. 物料费用(学生)	2 000.00	50 000.00
四、损益(净亏损以"-"填列)	18 000.00	23 000.00
其中:1.学生 2.	18 000.00	23 000.00

单位负债人:__**__ 财务负责人:__**__ 食堂负责人:__**__ 制表人:__**__

三、其他需要关注的事项

1. 撰写食堂财务分析报告,并重视报告质量。
2. 重视依法缴纳个人所得税(食堂临聘工作人员)。

3. 重视票据使用的规范性,包括票据(包括清单)的真实性及对方的经营范围。

4. 重视合同(协议)的合法性与规范性。

5. 重视月末盘点的规范性。

6. 关注代办学生服务性项目收费相关规定和要求。

(一) 自营,有学校食堂独立银行账户时

1. 按代办服务性收费的规定收取伙食费,将所收伙食费款项解入学校大账"银行存款"。即:

借:银行存款
　　贷:受托代理负债——"伙食费"

2. 将所收伙食费全部转入学校食堂独立银行存款账户。即:

借:银行存款
　　贷:伙食费收入——教师/学生

学校大账(银行存款)转出时:

借:受托代理负债——伙食费
　　贷:银行存款

3. 学校食堂账户按核算要求设置会计科目:一级科目"银行存款、现金、伙食费收入、原材料、成本、费用、损益、其他应付款"等。根据需要部分一级科目应该设置二级科目,比如:"原材料"应该设置"粮食、调味品、副食品、蔬菜类、肉类"等二级科目,"费用"可以设置"物料用品""人员工资"等二级科目。

核算方法与上述(无独立银行账户)相同。

(二) 外包购买服务时

应加强监督管理,根据规定,不得向被委托方转嫁建设、修缮等费用。收取及支付款项时均可通过"银行存款""受托代理负债"或"其他应付款"科目核算,但应明细核算,并应做好采购、验收入库、领用出库、月末盘点等"食堂仓库"的管理工作。

第二部分

关于学校固定资产盘点管理

学校固定资产管理是一项系统性工作,旨在确保学校固定资产的安全、完整和高效利用。

一、固定资产的概念及标准

公办学校:中小学校财务制度(财教【2022】159号)第52条指出:固定资产是指使用期限超过一年,单位价值在1 000元以上,并在使用过程中基本保持原有物质形态的资产。单位价值虽未达到规定标准,但是耐用时间在一年以上的大批同类物资,作为固定资产管理。

中小学校固定资产明细目录由教育部制定,报财政部备案。

民办学校:上海市民办中小学校财务管理办法(沪教委财【2010】43号)第二十条指出:固定资产是指单位价值在规定标准以上(单位价值在2 000元以上),使用期限在1年以上,并在使用过程中基本保持原有物质形态的资产。单位价值虽未达到规定标准,但耐用时间在1年以上的大批同类物资,也作为固定资产管理。

二、固定资产管理的基本步骤

固定资产管理是对固定资产进行全方位、全过程的管理,包括计划、购置、验收、登记、领用、使用、维修、报废等步骤,其管理特点是复杂性、技术性、分散性、集中性。复杂性是指固定资产管理涉及多个部门和环节,需要协调各方面的工作;技术性是指固定资产管理需要运用专业知识和技能，如资产评估、折旧计算等；分散性是指固定资产分布在单位的各个部门和场所，需要分散管理；集中性是指固定资产管理需要集中资源，确保管理效率和效果。

目前，固定资产管理大部分已经引入"固定资产管理系统"，结合条形码技术，赋予每个实物一张唯一的条码资产标签，实现固定资产全过程跟踪管理。

综上所述，固定资产管理是一项复杂的组织工作，需要专业人员进行精心管理，才能确保单位祖产的安全、完整、高效利用，做到"账账、账表、账实"相符。

三、固定资产盘点

固定资产盘点在固定资产管理中扮演着至关重要的角色。

（一）确保资产的安全

通过定期或不定期的盘点，可以确保单位所有的固定资产都在账面上有所体现，避免资产流失。同时，也能及时发现损坏或需要维修的资产，采取措施进行修复，保证资产的正常使用。

（二）提高管理效率

固定资产盘点可以帮助单位了解资产的分布、使用及闲置情况，从而优化资产配置，提高资产的使用效率。同时，通过盘点，还可以发现管理流程中的漏洞或问题，进而改进管理策略，提高管理效率。

（三）保证账实相符

固定资产盘点是对单位账面资产与实际资产进行核对的过程，通过盘点，可以发现账实不符现象，并及时进行调整，保证单位资产账目的准确性和完整性。

（四）支持决策制定

固定资产盘点结果可以作为单位决策的重要参考依据。根据盘点结果，单位可以了解当前资产的存量和分布，从而制定更加合理的采购、使用和维护计划。同时，也可以结合单位发展战略，对资产进行合理的调配和规划，为单位的发展提供有力支持。

（五）满足审计要求

通过盘点，可以确保单位资产的完整性和准确性，为外部审计提供有力的证据支持。

（六）促进资产管理流程优化

通过固定资产盘点，单位可以了解资产管理流程中存在的问题和不足，进而对流程进行优化和改进，提高资产管理的效率和质量。

四、固定资产盘点方法

固定资产盘点可以根据相关法律法规和单位实际情况及需求进行，方法一般有：实地盘点法、抽样盘点法、PDA 扫码盘点法、手机扫二维码的自主盘点法等。

（一）实地盘点法

按盘点时间频率的不同可分为"期末盘点""循环盘点"。

"期末盘点"，即在会计期末统一清点所有物品数量，工作量大，要求严格，通常采取分区、分组的方式进行。

"循环盘点"，即一个循环周期（如每周或每月）将每种物品至少清点一次，对价值高或重要的物品盘点次数多，监督严密。

（二）抽样盘点法

对固定资产进行部分抽样盘点，以推算出全部固定资产的数量和状态。这种方法适用于固定资产数量多、种类较杂、盘点时间较短的单位，其特点是通过抽样减少工作量，结果的准确性依赖于抽样的合理性和代表性。

（三）PDA 扫码盘点法

是将固定资产信息导入 PDA 中，用 PDA 对固定资产标签上的条形码进行逐一扫描进行盘点,其特点是高效、准确,信息可以同步更新,且减少纸质表格的使用和人力成本。

(四)手机扫二维码的自主盘点法

是通过基于 SAAS 的固定资产管理系统,使用手机 APP 进行固定资产扫码盘点,其特点是便捷、实时,支持全员参与,提高盘点效率。

总之,在选择盘点方法时,应该根据学校自身的实际情况、资产特点和管理需求,选择合适的盘点方法或组合使用多种盘点方法,以确保固定资产盘点的准确和高效。同时,要关注盘点程序的规范性,加强对盘点人员的培训,以减少盘点中的差错和遗漏。

附:固定资产盘点表

封面:

××学校(单位全称)固定资产盘点表

盘点时间:2020 年×月×日
盘点方法:实地盘点法
盘 点 人:×××、×××

××(单位全称)固定资产盘点表　　　单位:列至角分

序号	取得日期	资产编号	资产名称	数量/面积	资产原值	累计折旧/摊销	净值	存放地点	使用人	使用状态		
										在用	闲置	待报废
1												
2												
～												
～												
～												
合计												
累计												

- 注:本表可作为单位添置固定资产决策时的重要佐证依据。

第三部分

关于规范中小学校(幼儿园)代办学生服务性项目收费管理

规范教育收费是指学校对学生提供教育服务时收取的费用行为。规范教育收费旨在确保学校在提供教育服务时遵守国家相关的法律法规和政策规定,合理、透明地收取费用,维护教育公平和受教育者的权益。

代办学生服务性项目收费是中小学(幼儿园)为在校学生(幼儿)提供确有必要的代办服务性项目时,按照非营利原则,在学生(幼儿)家长自愿的前提下,收取的相关费用。

一、基本概念

(一)治理

治理是或公或私的个人和机构经营管理相同事务的诸多方式的总和,是使相互冲突或不同的利益得以调和,并采取联合行动的持续过程,既包括有权迫使人们服从的规章制度,也包括种种非正式制度安排。

(二)规范

是指按照既定标准、规范的要求进行操作,使某一行为或活动达到或超越规定的标准。

二、中小学校(幼儿园)在代办学生服务性项目收费中的常见问题(仅以上海为例)

规范教育收费是关系到民生的重要事项,教育部与市教委每年均有下达规范教育收费的文件和指导意见,且具有可操作性,但在实施中,仍会出现一些不规范现象。

(一) 对规范性文件精神的学习、理解不够,宣传不到位

主要表现在:学校一般将规范教育收费作为财务、德育等相关部门的工作范畴,并未将相关文件精神在全校教职员工中进行全面宣传,占有一定比例的教职员工(特别是班主任)对相关政策不够了解,致使在解答家长疑问时产生偏差。

(二) 制度不健全,管理较薄弱

主要表现在:尽管国家有明确的政策和规定来规范教育收费,但部分学校在执行过程中存在不严格、不到位的情况。如:虽将规范教育收费工作纳入学校规范管理范畴,但并未从思想上真正予以重视,仅作为临时性工作处理。包括:未制定相关工作计划,制度相对薄弱,归口负责部门不清晰、材料凌乱等。在依法治校创建过程中,有指标为"学校制定明确的收费、退费的标准及具体办法",但几乎绝大部分学校均未能制定或制定的方法不完整,且不具备可操作性,包括财务人员在内的相关人员知晓度很低。

(三) 备案工作有所松懈

主要表现在:区物价或区教育局对代办学生服务性项目收费备案要求不一致,占有一定比例的区已取消备案。

(四) 校级家委会审阅资料不够齐全

按要求,学校应召开校级家委会专题会议,讨论、审议学校代办服务性项目收费项目与标准,并形成具体意见,以充分体现家委会参与学校民主管理,体现家长对学校代办服务性项目收费工作的知情权、参与权和监督权。但在实际工作中,表现为:会议记录等规范的过程性材料较为缺失,无法体现家委会的参与情况。

(五) 公示不够规范

主要表现在:随着信息技术的普及与发展,部分学校认为只需

在校园网上公示即可,学校公示牌内容更新不及时,放置地点不醒目。

(六) 征询单不够规范

征询单不够规范主要表现在:

1. 文头不规范,有以"告知书""通知"等表述。
2. 内容不清晰,未能清晰地表明"单位"是"套"还是"件"。
3. 表式设计不合理,家长无法表明"愿意"和"不愿意"。
4. 有变相强制现象,如"若不参加,请说明理由"的表述。
5. 缺失落款时间和单位全称。
6. 以供应商服装尺寸登记表作为征询单。
7. 无引言。

(七) 存在超范围代办现象

主要表现在:超规定范围代办教材、中小学生报刊、商业保险;幼儿园代办寝具与校服;中学代办住宿用品等。

(八) 结算未按实,清退不及时

主要表现在:幼儿园代办幼儿服务性项目收费结算较多为平均分摊,部分学校未将春秋游等活动费用按规定区分学生与教师各自所应承担的费用明细核算,未能体现按实,部分学校存在未按学期结清代办费现象。

(九) 代办餐费未按规定(约定)收取,且会计核算不规范

目前学校代办学生伙食方式:一是外包购买服务;二是自营(有两种模式,一是有独立的银行账户,二是未开设独立的银行账户)。根据规定,幼儿园不得外包餐饮公司而应采用自营办法。但无论是外包还是学校自营,校(园)长均为第一责任人。不规范主要表现在:

1. 部分学校代办学生餐费按学期收取,但制度未能明确。
2. 对外包餐饮公司学校管理存在漏洞,学校未制定专(兼)职食

堂管理员制度,仓库管理不够规范,形同虚设。

3. 会计核算不规范,特别是自营学校,未将月末库存纳入核算范围规范核算。

(十) 代办校服存在"飞过海"现象

主要表现在:首次代办学生校服款项不解入学校银行存款账户而直接缴付供应商。

(十一) 票据不规范

主要表现在:部分学校以班级为单位开具发票,部分民办学校代办学生服务性项目收费存在使用自制票据(白条)现象。

(十二) 合同风险意识薄弱

主要表现在:学校与供应商签署的合同出现"留白"现象却不以为然,特别是"校服"及"春秋游"合同,有学校认为"合作多年,不会有事",存在较大风险。又如,春秋游合同的费用总额是按每生与单价计算而得,但学校签署的合同中均未注明单价所包含的具体内容,也未注明学生数与教师数。

三、代办学生服务性项目收费需要关注的几项工作

1. 加强组织建设,成立学校政风行风领导小组,健全长效工作机制,明确校长为第一责任人。

2. 完善制度体系,建立监管机制。重视制度的可操作性和可检测性,避免"两张皮"现象,提升工作实效。

3. 加强创新宣传与教育,加强家长监督,加大宣传力度,推进信息公开,接受社会监督。加大政策宣传解读力度,及时回应社会关切问题,做好解疑释惑工作。

4. 强化基础管理,梳理关键岗位,明确责任人,建立责任追责制度,明确工作流程,抓落实;

5. 重视档案(资料)的收集与整理。

四、代办学生服务性项目收费工作的规范程序

(一) 代办学生服务性项目收费标准有变化时(调价)的规范程序

若需调整原有代办服务性收费项目收费标准,应严格按照《关于本市中小学(幼儿园)代办服务性收费管理有关事项的通知》(沪价费【2015】13号)规定的流程实施。主要包括:

1. 按照中小学(幼儿园)自身办学实际,在明确的代办服务性收费项目范围内选择收费项目,将有关事项提前告知学生(幼儿)家长,听取意见。

2. 根据学生(幼儿)家长反馈意见,召开学生(幼儿)家委会专题会议,讨论审议学校(幼儿园)代办服务拟收费项目及收费标准,并形成具体意见。家委会应按照学校制定的家委会制度或章程,充分参与学校民主管理,体现家长对学校代办服务性收费工作的知情权、参与权和监督权,以维护学生(幼儿)和家长的合法权益。

3. 依据家委会意见明确的收费标准,中小学(幼儿园)选择提供代办服务的单位,或在区教育主管部门公开招募的供给单位中选择。供给单位确定后,需签订相关合同(协议)。政府采购另有规定的,从其规定。

4. 中小学(幼儿园)代办服务性收费项目、标准以及提供代办服务的单位确定后,应作为中小学(幼儿园)"三重一大"事项决策审定,在开学收费前向社会公示,同时以书面形式向区教育、发改(物价)、财政等部门报告具体收费项目和标准。

在向社会公示前,家长委员会、学校(幼儿园)以及区教育部门任何一方对拟调整的标准表述异议的,视作调整标准工作不成熟,仍按各中小学(幼儿园)原有代办服务性收费项目标准执行。

新建中小学(幼儿园)收取代办服务性收费按照上述程序执行。代办服务性收费,因市场物价变化等原因,代办费可调整,但必须按

下列流程操作,并保存相关过程性资料。

基本流程如下:

(1) 告知全体家长,听取意见。
⬇
(2) 校级家委会审议,并形成意见。
⬇
(3) 选择具有相关资质的代办服务单位。
⬇
(4) 按学校"三重一大"事项决策程序审议。
⬇
(5) 报区教育、发改(物价)、财政等部门备案。
⬇
(6) 向社会公示。
⬇
(7) 发放征询单—收费—使用—结算—发放结算清单。

(二) 代办学生服务性项目收费标准无变化时的规范程序

若代办服务性收费项目标准当学年没有变化,需向区教育局上报相关情况,并将所有收费项目与标准公示在醒目的地方,向学生、家长告知收费项目、标准、依据等。具体程序如下:

1. 制定学期代办学生服务性项目收费方案。(见例1)
2. 方案提请校级家委会审阅。(见例2)
3. 向物价或教育主管部门报备(伙食费按天备案、按约定收取、按实结算)。
4. 征询单表述规范(一生一表)。(见例3)
5. 在学校醒目的地方公示。(见例4)
6. 根据多退少不补原则,学期结束按实结算并出具结清单。

第三部分　关于规范中小学校(幼儿园)代办学生服务性项目收费管理

【例1】　**学校202*学年第*学期代办学生服务性项目收费方案**

为了规范教育收费，本着对学生和家长负责的态度，根据国家及相关部委的文件精神和《上海市中小学、幼儿园(含中职校)规范教育收费指导手册》要求，本校202*学年第*学期代办学生服务性收费项目如下：

序号	收费项目	收费对象	收费标准(单位：元)	单位	备注
1	城镇居民基本医疗保险	参保学生		每生每学年	自愿
2	校车费	乘车学生		每生每月	自愿
3	课外教育活动费	参加学生		每生每学期	自愿
4	餐费	就餐学生		每生每餐	自愿
5	校服费	就读学生		每生每套	自愿(若有多套，须分开选择)

上述收费项目均按代办学生服务性项目收费相关规定程序产生，提请学校家长委员会讨论、审阅后，报**区物价局(教育局)审核。

××学校
202*年*月*日

注：本案例为义务教育阶段

【例2】　**学校202*学年第*学期代办学生服务性项目收费家委会会议**

会议主题：讨论学校代办学生服务性项目收费方案

参会人员：校级家委会成员、学校分管领导、财务人员等

会议主持：***

会议记录：***

为了规范学校收费，本着对学生和家长负责的态度，根据国家及

相关部委的文件精神和《上海市中小学、幼儿园(含中职校)规范教育收费指导手册》要求,学校(校级)家委会对202＊学年第＊学期学生服务性收费项目进行了讨论和审阅。具体项目如下:

序号	收费项目	收费对象	收费标准(单位:元)	单位	备注
1	城镇居民基本医疗保险	参保学生		每生每学年	自愿
2	校车费	乘车学生		每生每月	自愿
3	课外教育活动费	参加学生		每生每学期	自愿
4	餐费	就餐学生		每生每餐	自愿
5	校服费	就读学生		每生每套	自愿(若有多套,须分开选择)

经审,上述费用均符合有关文件规定,也适用于本校学生,经学校校级家委会审阅,同意学校方案,拟报教育局或"区物价管理处"审核、备案。

校级家委会成员签名:

××学校家长委员会
202＊年＊月＊日

注:本案例为义务教育阶段

【例3】 ＊＊学校202＊学年第＊学期代办学生服务性项目收费征询单(义务教育阶段)

_____ 学生家长:

为进一步规范学校教育收费,根据沪价费【2015】13号文要求和《上海市中小学、幼儿园(含中职校)规范教育收费指导手册》要求,按代办服务性项目收费"自愿、非营利"的原则,现对202＊学年第＊学

期代办服务性收费进行征询,请各位家长根据需求在"愿意"或"不愿意"栏目中打"√",并签名确认。具体项目如下:

序号	收费项目	收费对象	收费标准（单位:元）	单位	愿意	不愿意
1	城镇居民基本医疗保险	参保学生		每生每学年		
2	校车费	乘车学生		每生每月		
3	餐费	就餐学生		每生每餐		
4	课外教育活动费	参加学生		每生每学期		
5	校服费（附明细）	就读学生		每生每套		

说明:1. 课外活动指参加春秋游及参观社会展馆。
　　 2. 代办服务性项目据实结算,多退少不补。

班级:＿＿＿＿　　学生:＿＿＿＿　　家长签名:＿＿＿＿

××学校(公章)

202＊年＊月＊日

【例4】　＊＊民办幼儿园教育收费公示

为进一步规范幼儿园教育收费,根据相关的法律法规,现将幼儿园各类收费(含代办收费项目)公示如下:

一、保育保教费(根据文件按幼儿园符合的收费标准)

序号	收费项目	收费对象	收费标准（单位:元）	收费单位	收费依据
1	保育保教费	就读幼儿		每生每月	发改价格【2011】3207号 沪发改规范【2020】19号

二、保育服务类代办费（收费依据：沪价费【2015】13号）

序号	收费项目	收费对象	收费标准（单位：元）	收费单位	备注
1	餐费	就餐幼儿		每生每餐	自愿，据实结算，多退少不补，按月收取。
2	点心费	就餐幼儿		每生每餐	自愿，据实结算，多退少不补。按月收取。
3	生活用品	就读幼儿		每生每学期	指小毛巾。自愿，据实结算，多退少不补。
4	校车费	乘车幼儿		每生每月	自愿，据实结算，多退少不补，按月收取。
5	延时服务费	就读幼儿		每生每次	

三、教育服务类代办费（收费依据：沪价费【2015】13号）

序号	收费项目	收费对象	收费标准（单位：元）	收费单位	备注
1	课程配套标准材料费	就读幼儿		每生每学期	图画纸、图画笔、剪纸、橡皮泥。自愿，据实结算，多退少不补。
2	课外活动费	就读幼儿		每生每学期	春秋游、参观社会场馆。自愿，据实结算，多退少不补。

四、其他类（收费依据：沪医保规【2020】10号）

序号	收费项目	收费对象	收费标准（单位：元）	收费单位	备注
1	城镇居民基本医疗保险费	就读幼儿		每生每学年	根据当年度上海市政府批准的标准执行。自愿，按实。

注：1. 家庭困难幼儿资助政策：
　① 城乡低保家庭适龄幼儿、特困供养人员、烈士家庭适龄幼儿、适龄孤儿和适龄残疾儿童，原建档立卡家庭经济困难适龄幼儿和困境儿童，免除保育教育费及代办服务性收费。
　② 本市户籍低收入困难家庭适龄幼儿、免除保育教育费及餐费、点心费。
（文件：沪教委规【2022】8号）。
　　除城镇居民基本医疗保险费以外的代办服务收费标准，由学校结合办学实际，按照非营利性原则自主制定。
　2. 民办学校票据为：增值税普通发票。
收费咨询：＊＊民办幼儿园电话_____
监督举报：＊＊区教育局电话_____
市场监督管理投诉举报热线：12315

五、代办学生服务性项目收费资料

封面：＊＊学校202＊年第＊学期规范教育收费资料
1. 告知全体家长调价征求意见书（收费标准有调价时）。
2. 每学期制订的代办学生服务性项目收费方案或计划。
3. 学校（幼儿园）级家委会审阅方案的会议记录。
4. 选择代办服务单位（收费标准有调价时）
5. 学校"三重一大"决策程序（收费标准有调价时）。
6. 报区教育、发改（物价）、财政等部门（收费标准有调价时）。
7. 向物价或教育主管部门备案（伙食费按天备案，按制度规定收取）。
8. 向社会公示（收费标准有调价时）
9. 在学校醒目的地方公示。
10. 收费前发放表述规范征询单，做到一生一表。
11. 收费通知，做到一生一表。

12. 按方案(计划)使用。

13. 根据多退少不补原则结算：餐费按月结算，活动费即时结算，课程服务类按学期结算。学期结束时发放结算清单，做到一生一表。同时，学期结束学校代办学生服务性项目账余额应结清为零。

注：1. 春秋游等活动委托第三方需附合同(协议)。

2. 上述资料一般需要保留一个学年(若遇检查，以通知为准)。

六、规范代办学生服务性项目收费会计核算

公办学校可以在"受托代理负债"或"其他应付款"科目下核算，并明细核算，若有超支，则对超支部分列支，按财务会计和预算会计平行记账。

民办学校在"受托代理负债"或"其他应付款"科目下核算，并明细核算，若有超支列支业务活动成本。

学生伙食费也属代办学生服务性项目收费，因此，在管理上，应设学校食堂管理员岗位(专职或兼职)，食堂从业人员需持证上岗，采购、验收入库、领用出库等分工明确、流程规范。食堂仓库需有专人保管(若外包应由学校及外包单位双重管理)。在会计核算上，应按第一部分要求，将月末库存纳入核算范围，明细规范核算。

七、代办学生服务性项目收费票据

(一) 公办学校票据

代办服务性项目收费使用票据为"上海市行政事业单位资金往来票据"。

高中学生学费使用票据为"上海市普通教育学杂费专用收据"。

幼儿园幼儿保教保育费使用票据为"上海市保育教育专用收据"。

(二) 民办学校票据

民办学校学生(幼儿)学费(保教保育费)及代办学生(幼儿)服务性收费使用票据均为"增值税普通发票"。

第四部分

相关法律法规

1. 教育部办公厅关于印发《中小学校园食品安全和膳食经费管理的工作指引》的通知(教体艺厅函【2024】39号)

2.《关于切实做好全国中小学校园食品安全和膳食经费管理突出问题专项整治工作的通知》(教督局函【2024】26号)

3.《学校食品安全与营养健康管理规定》

教育部、国家市场监督管理总局、国家卫生健康委员会令第45号规定：

▲集中用餐是指学校通过食堂供餐或者外购食品(包括从供餐单位订餐)等形式，集中向学生和教职工提供食品的行为。

▲学校集中用餐应当坚持公益便利的原则，围绕采购、贮存、加工、配送、供餐等关键环节，健全学校食品安全风险防控体系，保障食品安全，促进营养健康。

▲县级以上地方人民政府依法统一领导、组织、协调学校食品安全监督管理工作以及食品安全突发事故应对工作，将学校食品安全纳入本地区食品安全事故应急预案和学校安全风险防控体系建设。

▲学校自主经营的食堂应当坚持公益性原则，不以营利为目的。实施营养改善计划的农村义务教育学校食堂不得对外承包或者委托经营(目前除了学前教育，其他学段大多采取外包形式)。

4.《政府会计制度》附件1关于中小学校执行《政府会计制度——行政事业单位会计科目和报表》的补充规定二"关于报表及编制说明"中规定：

▲中小学校应当在收入费用表的"(十一)其他收入"项目下增加"其中：食堂净收入"项目；应当在预算收入支出表的"(九)其他预算收入"项目下"其中："后所列项目中增加"食堂净预算收入"项目。

▲其中："食堂净收入"和"食堂净预算收入"两个项目的内容及填列方法详见补充规定中的"三、关于中小学校食堂业务的会计处理"中规定。具体见下：

中小学校食堂实行独立核算或对食堂收支等主要业务实行独立核算的，年末应当将食堂的报表信息并入学校相关报表的相应项目，并抵销中小学校与食堂的内部业务或事项对中小学校报表的影响。

中小学校在编制收入费用表时，应当将食堂本年收入和费用相抵后的净额并入本表"其他收入"项目金额，并单独填列于该项目下的"食堂净收入"项目。如果食堂收入和费用相抵后的净额合计数为负数，则以"－"号填列。中小学校在编制预算收入支出表时，应当将食堂本年预算收支相抵后的净额并入本表"其他预算收入"项目金额，并单独填列于该项目下的"食堂净预算收入"项目。如果食堂预算收入和支出相抵后的净额合计数为负数，则以"－"号填列。

中小学校应当在年度财务报表附注中提供将食堂财务会计信息纳入学校财务报表情况的说明，包括内部业务或事项抵销处理的情况，食堂本年收入、费用情况。

总说明第五条：单位财务会计核算实行权责发生制；单位预算会计核算实行收付实现制，国务院另有规定的，依照其规定。

5.《中小学校财务制度》(教财【2022】159号)自2022年9月1日起施行

第十条：中小学校食堂应当坚持公益性和非营利性原则。

▲学校自主经营食堂为学生提供就餐服务的，财务活动纳入学校财务部门统一管理，可在学校现有账户下分账核算，真实反映收支状况，并定期公开账务。如有结余，应当转入下一会计年度继续使用。

▲学校采用委托方式经营食堂为学生提供就餐服务的,应当加强监督管理,不得向被委托方转嫁建设、修缮等费用。

▲学校采用配餐或托餐方式为学生提供就餐服务的,餐费可由学校统一收取并按照代收费管理。

第十一条　非独立核算的勤工俭学、社会服务和经营等项目的财务活动,由学校财务部门统一管理。

第四十一条　非财政拨款结转按照规定结转下一年度继续使用。

6. 教育部等五部委印发《关于进一步加强和规范教育收费管理的意见》的通知教财【2020】5号文规定:

学校自主经营的食堂向自愿就餐的学生收取伙食费,应坚持公益性原则,不得以营利为目的。

7. 关于规范中小学服务性收费和代收费管理有关问题的通知发改价格〔2010〕1619号

严格界定服务性收费和代收费范围:

服务性收费是指学校(包括义务教育学校、高中阶段学校、中等职业学校)在完成正常的教学任务外,为在校学生提供由学生或学生家长自愿选择的服务而收取的费用。

代收费是指学校为方便学生在校学习和生活,在学生或学生家长自愿的前提下,为提供服务的单位代收代付的费用。

中小学向在校学生收取服务性收费和代收费,必须坚持非营利原则,按学期或按月据实结算,多退少不补。

服务性收费和代收费不属于行政事业性收费,不实行收支两条线管理。服务性收费收入由学校根据实际支出列支;代收费收入由学校全部转交提供服务的单位,不得计入学校收入。

8. 教育部 工商总局 质检总局 国家标准委关于进一步加强中小学生校服管理工作的意见(教基一【2015】3号)

9.《关于本市中小学(幼儿园)代办服务性收费管理有关事项的

通知》(沪价费【2015】13 号)

10.《上海市幼儿园收费管理办法》(沪发改价费【2015】5 号)

11.《上海市民办中小学收费收费管理办法》(沪发改规范【2024】5 号)

12. 关于贯彻落实《教育部 工商总局 质检总局 国家标准委关于进一步加强中小学生校服管理工作的意见》的通知(沪教委基【2015】88 号)

13. 上海市人民政府办公厅转发市教委等六部门关于加强本市中小学生校服管理若干意见的通知(沪府办发【2013】10 号)

注：若政策有更新，需按新规定调整，格式仍可参考。

后 记

本书编撰过程中,笔者得到了相关领导和同仁在政策上的指导、专业上的鼎力相助,在此表示真诚的感谢!

日常评估中也涉及较多民办非企业单位,除民办中小学(幼儿园),还有其他行业。编写过程中,得到了原浦东新区社会组织服务中心丁雨育主任、浦东新区社会组织服务中心韩昊一副主任、浦东新区养老协会袁煦婕会长的大力支持。对浦东新区金色港湾老年公寓等民非机构进行实地调研时,笔者与单位负责人、财务人员进行了深入沟通,被调研单位对单位伙食费核算及固定资产盘点也给予了高度认可。

本书不仅适用于各级各类公(民)办中小学(幼儿园),伙食费核算及固定资产盘点部分也适用于民办非企业单位中的非教育类单位。

身为一名督学,深感有责任将督导(评估)工作的一点肤浅认知整理成册,供相关人员参考借鉴。但能力有限,书中难免存有不足,期待能得到更多领导和同仁的批评与指正。

在此,对各位领导的支持也一并感谢!

张秀琴
2024 年 7 月 20 日